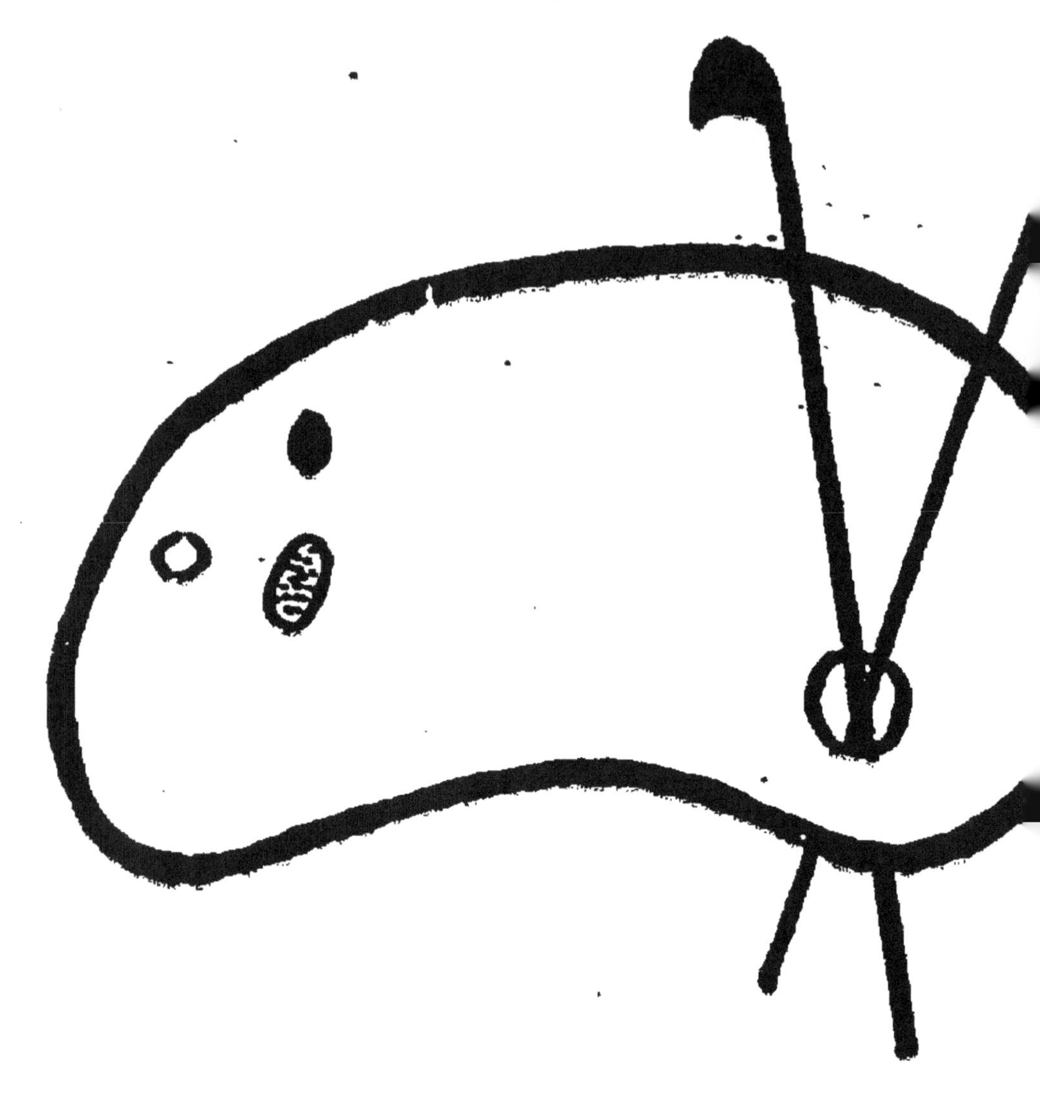

LES · NOIRS

NOTE DE L'ÉDITEUR.

———

Des circonstances particulières ont retardé l'impression et le tirage définitif de la brochure du Dr Barret sous presse depuis plusieurs mois. L'Afrique occidentale retient de plus en plus vivement l'attention; au moment où la France se trouve engagée par les agissements du Dahomey, il nous a paru utile de hâter la publication d'une étude observée de caractère qui se recommande par son actualité. Le lecteur y fera peut-être des rencontres fortuites d'idées déjà exprimées sous une autre forme; il est fort naturel que la pensée se croise et se reproduise quand les esprits sont par l'opinion portés ensemble vers un même objet.

TYPOGRAPHIE FIRMIN-DIDOT ET Cie. — MESNIL (EURE).

DEBUT D'UNE SERIE DE DOCUMENTS
EN COULEUR

Couverture inférieure manquante

Dr PAUL BARRET

LES NOIRS

PARIS

AUGUSTIN CHALLAMEL, ÉDITEUR

LIBRAIRIE COLONIALE

5, RUE JACOB ET RUE FURSTENBERG, 2

1892

Dr PAUL BARRET

LES NOIRS

PARIS

AUGUSTIN CHALLAMEL, ÉDITEUR

LIBRAIRIE COLONIALE

5, RUE JACOB ET RUE FURSTENBERG, 2

1892

LES NOIRS

MŒURS ET TEMPÉRAMENT. — ATAVISME[*]. CRIMINALITÉ.

Ces jours-ci nous devisions. Le noir; sujet délicat. L'Afrique lente parvenue à peine se découvre; l'homme qui l'habite dans son uniformité est variable à l'image de la nature. Il faut s'entendre sur le mot. Ce mot longtemps est synonyme de délit; il est sans conscience; il s'applique sans distinction, tare originelle au bon grain du peuple réprouvé, à son ivraie. L'informe préjugé met à rude épreuve le sens commun; il a coûté bien des vies stériles.

Nous sommes loin de ce passé, notre civilisation le modèle à son moule; affaire jugée. Ce stigmate, apparence; voile d'emprunt jeté sur la tendance de l'homme, vêtement

---

(*) ATAVISME (*Atavus; ad*, à, *avus*, aïeul). En botanique, tendance des plantes hybrides à retourner à leur type primitif; en physiologie, ressemblance avec les aïeux; plus particulièrement, réapparition d'un caractère primitif après un nombre indéterminé de générations. (Littré, *Dictionnaire de la langue française*.)

qui dissimule ce qu'il est en soi, semblant de la couleur réelle qu'il garde secrètement dans le moi intérieur. Blanc, noir qu'importe? Pensant ou négatif.

A ce signe il se reconnaît dans les espaces inconnus en son inculte nudité, dernier sauvage replié dans l'isolement d'une impéritie native, bourbier d'usages, de mœurs terre à terre; il végète au milieu de l'abondance; sa terre est riche, il est très pauvre. Contradiction entre l'homme et le cadre que lui fait la nature; problème? Analyse fugitive, impression; vraisemblance, vérité suivant milieu et sentiment; paradoxe? Tenter à plaisir jugement d'autrui, prêter si beau jeu; je développe les raisons.

Préjugé ancien; couleur adverse de Cham et de Japhet. Cham est réhabilité par ses fils initiés au progrès. A son berceau devons-nous le traduire moins sur les faits que sur les mobiles qui les déterminent et les enseignements qui en découlent. Générosité, sympathie qui prend à cœur de relever, la pitié n'humilie pas; clairvoyante elle dévoile pour agir; elle rejette loin le franc orgueil d'une supériorité; héritage. Il est né sans patrimoine. Près d'eux j'ai vécu; souvenir vivace je ne puis m'en dessaisir. Race infortunée vieille dans le temps, tard venue dans le progrès; son indigence est désolante; elle se sent petite, humble en face du blanc; elle courbe. Ce maître veut devenir l'éducateur de demain; la faire libre, pensante; égale à lui.

Je visitais le musée du Luxembourg; je revenais du pays noir. Devant moi une toile, ébauche vivante; réalisme, il faut avoir vu sur nature; regarder en s'élevant loin, bien loin de notre civilisation policée; par delà le passé. Une gent en quête de la subsistance regagne son gîte. Leurs traits; notre race. Des géants marchent d'un pas lourd, ploient sous le faix qu'ils rapportent de la battue, harassés de lutte. En tête guidant la voie l'ancêtre chemine appuyé sur une masse taillée dans un bois; chargé d'ans, plein de sève. Au centre les enfants portés sur un pavois de grossiers branchages; la force soutient la faiblesse. Le peintre a mis là son âme; son idée. L'aïeule trône; sur son visage pensif erre une lueur, l'œil de la louve s'abaisse indicible d'espoir et d'effroi sur les rejetons, fils de ses fils. Regard voilé d'angoisse et d'espérance, ces hommes sont aux prises avec les hasards de la vie poignante; sous la lassitude présente la femme se repose dans une promesse, elle entrevoit dans le vague d'un éclair sa descendance; destinée.

L'homme était nu. Conscience, remords; idéal perdu dans la brume des âges. Sans doute, j'ai vanité de ma forme blanche; ces barbares dont je descends, nobles dans leur sauvagerie. Semblables à ces ombres d'homme qui vaguent par le désert africain, à ces hordes roulant au hasard de leur faim; démons ardents à la chasse du fauve, à la capture de l'homme destiné à d'atroces festins, la pensée repousse. Flamme qui relève d'un rayon la brutalité d'une scène primitive. Ils naissent avec des appétits; couverts de peaux, armés de pierre et de bois, disputant à leurs hôtes sauvages la demeure des cavernes, la nécessité est leur marâtre. Nuit des générations éteintes, neige glaciale appesantie sur les temps; mémoire ensevelie. Infatigable la science un jour pourra-t-elle lever le linceul; ressaisir les formations successives de notre origine de semence, d'âge en âge menée à ce qu'elle est parvenue; à sa hauteur morale. Longtemps après son apogée intellectuel enfin l'homme est un être humain.

La science n'affirme rien, elle compare ce qui est, ce qui fut; elle déduit la logique des faits. Les noirs qui habitent cette surface blanche, notre jeunesse l'appelait « inconnue »; derniers barbares doivent-ils bénéficier de l'assimilation?

Tels nous sommes le passé façonne; progressivement des séries de brillantes civilisations amendent; fraternité promise à l'aurore des temps nouveaux. L'homme antique était un penseur; un sage. Le blanc moderne veut dépouiller le moi insatiable; il devient, suprême culture pitoyable à la condition d'autrui. Éducation parfaite; nous en jouissons, un peu nous nous en attribuerions le mérite. Pour être justes notre personnalité s'est enrichie de successions améliorées de proche en proche. Bienveillance; réparation.

Durée active du temps; lente manipulation. Cette discipline de l'éducation le noir ne l'a pas subie, les siècles en passant ne l'ont policé. Il vieillit dans les langes d'un climat qui éteint l'effort; il bégaie. Déjà, ayant senti la peine et le frimas, loi d'une nature contraire; forcée pour être à la lutte notre race marche croissant d'activité en activité. Civilisé de fraîche date, lui retourne à la molle tiédeur de la primitive habitude, à son abandon, à ses tam-tam baignés de folle ivresse; la vie facile du climat uniforme. Inférieur; dit-on. L'homme par tout le globe est bien près de l'homme, coulé dans la commune argile; à l'étroit de la fourmilière.

Tare originelle, défaut de culture; entre eux cette différence : Le blanc d'étape en étape s'est fait ce qu'il est; son frère abaissé, incapable par son propre effort stagne dans l'ignorance, attend secours d'autrui. Perfectionnement éphémère si de longues générations il ne garde l'empreinte, le contact de l'éducateur.

Grave sujet cette inégalité entre contemporains; deux hommes nés au même âge de la Terre, l'un inerte, sans vie au progrès, l'autre s'élevant à sa voie. Quelle influence l'opprime? La nature le jette dans l'isolement; elle l'étiole aux feux de l'inexorable soleil, le force à se replier fermant les voies, arrêtant au passage la civilisation.

Nous voici à l'essai d'une expérience; développement d'un peuple inconnu. Les regards sont tournés vers l'Afrique; les efforts y tendent. Nos descendants verront le premier pas; nous pouvons préjuger. Des individualités témoignent que le nègre peut atteindre, dépasser notre niveau moyen quelquefois. Métissage, éducation blanche; qualités, défauts se doubleront, s'atténueront. Je ne sais; avenir.

. En présence deux antithèses. La civilisation prélude; la sauvagerie noire gronde dans sa méfiance. Éducation par les ancêtres; l'une uniformise son peuple dans un harmonieux ensemble, l'autre laisse le sien tel il est né. Ne soyons pas fiers. Dans cet humus remué par les siècles; dans ce milieu intensif germe la semence oubliée du passé. Penchant premier de l'origine, spore maladive le penchant éclate, odieux rejeton passe à travers les fissures du masque olympien modelé à la sueur des âges; notre société repousse, elle subit. Personne ne voudrait gratter l'écorce du vieil homme, colosse pétri de limon; crainte de retrouver sous la doublure ce levain d'astuce, d'envie, de perversité assoupi plutôt qu'effacé; il est vrai dompté par la volonté et les mœurs, c'est la civilisation; en heurt perpétuel avec de nobles tendances. Généreux stimulant; le primitif est abandonné à ses instincts.

Dans une étude sur la criminalité comparée du civilisé au sauvage est-ce trop avancer? germe, humain; milieu,

champ d'action plus ou moins fertile; sporadique, épidé-
mique. Parmi les blancs, perversité individuelle; dans la
communauté nègre le crime, réprobation de notre morale,
de notre loi est social en nombre de cas; d'institution.

Ébauche philosophique. Je n'ai nullement l'intention d'ins-
truire un débat; l'avantage ressort clairement de l'état des
parties. Le noir si loin de nous doit-il être taxé à son
taux? Il n'a hérité des mêmes profits. Je laisse le blanc à
ses juges; savoir les faits et les occasions de rencontre.

*
* *

L'Occidental nous prête un bon modèle d'analyse. Je l'ai
mieux connu; ce n'est le motif de mon choix. Noir entre
les noirs il porte l'empreinte de l'Afrique; il est réputé de race
pure. Il a subi cette loi de la pérégrination des peuples à
leur enfance; changeant de patrie suivant les hasards de
l'existence, refoulé de proche en proche il stationne à
cette limite des races primitives, barrière de l'Atlantique.
Nombre d'entre elles à travers l'espace gardent le vague
souvenir de leur exode. Les Fang du Gabon-Congo redisent
leur origine orientale; essaims issus du tronc bantou, des
noms identiques par les lointains du continent rappellent la
parenté de peuples séparés (*).

Du Soudan au Congo l'ethnographie détermine les filia-
tions. Assurément les Africains ne se ressemblent exactement,
les blancs des nations ne sont pareils; nous parlons de simili-

---

(*) Les Mpongoué de Libreville portent le nom des eaux qui les ont sans
doute baptisés; la rivière Pongoué descend au Mozambique.

tude éthique. Parmi ces différences une des plus radicales l'Islam conquérant brasse le pays noir, matière inerte; il poursuit avec le glaive et la prédication; sa ténacité devance la voie. Bénéfice négatif; enseignement pauvre, fanatisme arrêt le plus grave que rencontre notre influence. Forcés, contents les noirs ont goûté au lait de la doctrine militante; mêlé de sang, vicié par le changement de climat, invraisemblablement dénaturé de son mélange avec tant d'éléments hétérogènes; au contact du tempérament fruste qui se l'assimile. Le musulman s'en voile la face. Mais, entre les peuplades diverses en réalité la dissemblance n'est excessive, la vraie civilisation ne les a touchées; justement le caractère de la sauvagerie, fond de leurs instincts et de leurs mœurs, c'est de n'avoir qu'une face, l'uniformité qui piétine sur place sans avancer; changements instables comme les orages de ces pays. Ils passent; leur trace n'est plus.

Mûr à l'égard des sensations, des passions; enfant au point de vue de la culture de son cerveau. Le noir croît en dormant; jet de l'équateur il en subit l'étiolante empreinte, modification séculaire sans variation. Supérieur par exception il grandit en expérience de la vie et des choses, cette connaissance coûteuse lui reste personnelle, s'éteint avec lui; ses descendants n'en profitent. N'ayant de mémoire écrite il n'a rien retenu; la tradition orale remonte à quelques générations bien obscurcie, encore faut-il de ces souvenirs qui frappent l'imagination populaire. Témoignage des empires fondés par la race autochtone? Vestige de ses peuplades? Renvoyées d'un rivage à l'autre dans la stagnation du continent les générations disparaissent, éphémères essaims; histoire, monuments, temples; fétus de paille, l'incendie dévore, le vent les emporte. Passé, avenir; la vie présente est bien assez pressante. Sort commun, dévoré par plus puissant?

L'ordinaire est loi. Le nègre; le nombre vit au soleil, dans sa langueur; réveillé il rêve, sans entrain au présent, souci du progrès. Il ignore ce qui l'entoure; il s'ignore lui-même. Il ne regarde au delà de la barrière de ses bois, des cataractes qui ferment les fleuves. D'autres hommes; qu'ils viennent contenter son avidité indolente. Routinier d'habitude il ne spécule, n'a rien acquis. Il ne sait son âge; le pauvre n'aime l'effort. C'est « bon ou mauvais », « ça loin »; ainsi précise l'explication dont il est capable. Au fait, laissez; vous l'avez disposé, il est à vous, il agit.

Négatif intellectuel, la pensée flotte dans le vague; choix, mesure, équilibre; le noir ne sait vouloir à temps. L'Européen aura crédit; prendre au saut le bon mouvement. C'est qu'il suit volontiers le guide qui veut bien l'éveiller pour le conduire; il s'entretient avec l'esprit des autres, il est plutôt « reproducteur que productif »; faute d'action personnelle, sans doute.

Paresse, molle nature; horreur de la peine. Travail, besoin pressant, excitant passager; d'habitude affaire de femme, de captif. Invention pauvre; industrie rudimentaire. On admire en certains cantons vases d'argile, tissus, fers ouvragés, engins de pêche; les cases jolies, la forêt met le gracieux bambou sous la main; comparaison de la commune misère. Le génie natif d'ordinaire s'améliore, se perfectionne à l'usage; ici l'implacable soleil éclaire sans variation mêmes objets; mêmes gens.

Le langage, moyen de la pensée permet de dire le nécessaire, au delà; la parole a nom « palabre », synonyme de « parlote », discours. L'entourage s'éveille aux premiers accords des voix; les interruptions viennent à la traverse, se greffent; chacun place l'association que l'orateur fait jaillir de son cerveau. Dieu vous garde si vous avez la tête sensible.

Mémoire irréfléchie, à la volée; des lieux, des choses souvenir certain. L'ignorant bientôt vous parle dans votre langue; vous l'estimez alors réfléchissant intimement à votre propre difficulté. Avantage inappréciable; compensation à la légèreté d'attention, de réflexion, de jugement; compréhension diffuse des généralités. D'idiomes nègres je lis le mpongoué, langage courant dans la région gabonaise; issu du bantou, élégant, disert, grammatical. En vain, « Reconnaissance, Générosité, Dévouement, Vérité... »; notions complexes. « Donnez » foisonne dans la bouche de l'indigène.

Mémoire, imagination maîtresse; sensitive. Latente, trait ordinaire elle couve; fusée à l'aiguillon. L'impression domine le raisonnement; ainsi légère, instable, un rien, qu'il brille; gonflée de vanité. Amoureuse des colifichets; vain éclat, étiquette pompeuse, clinquant, parures voyantes qui l'attirent phalène, la lumière qu'elle prend pour le soleil. Futilité; éloquence des mots; surface; apparence. La couleur frappe, elle est tout; le blanc est bien doué, il est « blanc ». Si le noir pouvait déteindre il deviendrait pareil à l'heureux mortel qu'il jalouse; ne pouvant changer il se résigne.

Prodigue, inconstant; le natif donne à l'inutile prévoyance de l'avenir, subsistance du lendemain. Il gaspille en une fois l'abondance tombée du ciel; il y convie ses amis. Pourquoi songerait-il au jour qui suit? C'est jouir dès maintenant qu'il lui faut.

Inertie, nature indolente; des éclats par intervalles. La jeunesse a cette curiosité qui recherche, l'entrain primesautier qui allume le feu assoupi chez les vieux; la jeunesse est brillante dans les sociétés primitives. Qu'elle passe vite. Le noir nous rassure; il apprend, s'il ne crée.

Âge enfantin; il n'est juste de tout dénier. Nature morale; inertie toujours, mais susceptible de s'émouvoir en passion; mouvement au moins, signe de vitalité qui peut engager le défaillant dans une nouvelle route, lui laissant l'occasion de subir cette correction dont notre race accepte le joug. Pareil à ces essences qui jettent leurs frondes à toute volée au plein air de la solitude sans profit, verts rejetons; peu à peu une main attentive ménage autour d'elles une bonne terre, réduit, façonne, adapte. La greffe prépare de meilleurs fruits.

Tempérament moral à extrême... Quelquefois je relis ce que j'ai écrit ailleurs (*).

Être préparé par le soleil de l'équateur; torpeur, violence. Il aime le sucre et le piment; l'impression brûlante, le doux rien-faire; s'entraîne par périodes galvaniques, retour hasardeux; mobile il est en passe de dérailler. Il est sans couleur; il en a trop.

Ne vous fiez à l'innocence des traits, elle est trompeuse; par accident dangereuse, suivant les lieux. Sous ce calme extérieur le ferment couve, lent à lever. Vienne passion, désir; impulsion farouche, irrésistible, il bouillonne à satiété; retombe tôt après.

Barbare doux et terrible; irrésolu, prompt à s'emporter; pas méchant hors sa colère. Aux excitants artificiels réveil,

(*) *L'Afrique occidentale, la nature et l'homme noir;* 2 vol. avec 2 cartes. Augustin Challamel; Paris, 1888.

sensualité de la terne existence, besoin de se distendre les nerfs si vous pouviez graduellement substituer une nourriture substantielle, plus sage vous verriez les sens s'apaiser; dérèglement d'appétits contenus, privation cause de dissemblance entre les hommes.

Il a faim, il est dénué; la nature lui tend les bras, ses ressources inépuisables. Inactif il se contente de la pauvre subsistance qu'il rencontre sous sa main; le sel avide la mer le roule à flots, il ne sait; il demande à l'étranger. Hors la vie matérielle quelles joies; solitude intérieure. Tout est terne. Désespéré il se jette à corps perdu sur tel stimulant qui aiguise le palais atone, les nerfs affadis. C'est une gamme d'excitations et d'incendiaires, d'ébranlements galvaniques au jeu desquels le cerveau s'entraîne, les sens s'égarent; brûlure du piment, ivresse du vin de palme, du gin empoisonné, emportement des aphrodisiaques; fauve accent du chant, danse qui émeut les muscles dans une réjouissance désordonnée; dernière extravagance, fureur suprême, le sang.

Et l'ombre égale de l'équateur descend sur les heures inutiles. L'Afrique se lève au roulement du tam-tam résonné par l'écho de solitude en solitude. On s'anime à la fête; la bête se dégourdit, l'aiguillon mène au galop. Elle s'allume; bruit, mouvement effréné, délire d'une commune orgie elle s'enivre; perd sens d'elle-même. La nuit couvre de son voile.

Le fort est démon dans cette société du mâle au dieu.

Chacun se soumet sans mot dire, ainsi chacun adore son fétiche inepte, abominable. Vénération doublée de crainte; de faiblesse. Prosterné le noir regarde de travers le terrible simulacre; il biaise, il trompe, il n'ose. La peur fait un piédestal au Méchant; le Bon est lent dans la vie misérable. Culte informe comme la religiosité, incoordonné; mauvais en ses égarements. A la Côte-des-Esclaves adoration du Rusé, le serpent a des temples de paille; Priape est au seuil des villages; certains guident la pirogue, châtient les voleurs, la Vénus coureuse; des ombres vigilantes retiennent l'esclave dans le devoir. Les esprits des morts hantent les vivants; demandent des vies. Sorciers, augures, gri-gri à toute épreuve, bons à tout office; biens de ce monde, passage aimable dans l'autre.

Je fais grâce des joies innocentes; ces faiblesses tentent sous tous les cieux. Nombre; couleur propice, néfaste; fées et Korrig; foi au pressentiment, au présage, à l'intersigne; crainte de la malchance, du mauvais sort; fétiches bons à s'en préserver. Mon frère n'êtes-vous hanté?

Parfois un Esprit règne sur les Esprits; le musulman proclame Dieu unique. Immortalité; destinée? Le Krou regarde la lune, séjour maudit. Le Pahouin croit à la métempsycose; l'âme de ses pères revit sous la couleur des blancs.

Fétiche, estime et convoitise. Le noir envie, craint, admire; le pactole des factories l'enchante et le retient; rebuté, sans rancune il y retourne, client fidèle et facile. Quel bénéfice si le blanc savait ménager ce tempérament de mouton; s'il voulait ne pas brusquer les entêtements sans cause, attendre que le feu tombe des colères irréfléchies. Un rien calme; un colifichet enchante. Se montrer humain et fort, secret pratique de gagner. Justice, sanction des sociétés embryonnaires; elles ont failli, elles se soumettent sans murmure.

Mais il est aussi divers. Et la force inique aime les représailles, il n'est crédit qui ne s'use à la longue; être si faible qui ne s'affermisse, se réveille.

Terrain varié; précaution de bonne politique. Il en est de braves, de très braves; il en est qui paient la violence en pire emportement. Ils se tendent à l'effort. Lâcheté, l'imagination affole; le prisme multiplie les aspects, grandit le péril en montagne. Le faible est fort devant le danger connu, infatigable au travail accoutumé. Le Krouman, ses muscles sont d'un athlète; sensibilité de créole. Pusillanime, à son gré vous ne le mènerez au feu. Voyez-le devant la barre furieuse; elle chavire les pirogues, noie les hommes, les livre aux requins. Il est à l'aise; il vole intrépide. Que de blancs il a sauvés au péril de sa propre vie. Il s'alanguit au doux repos; nul plus endurant à la tâche. Cadence de la voix sonore et mâle, confiance dans le guide qui l'entraîne; sa peine, un jeu. Nerveux et puissant l'influx anime ses muscles, allume son courage; il s'affermit. Le noir est tour à tour placide et violent.

Ils étaient à Porto-Novo des nôtres une poignée sous le soleil torride tenant à l'assaut furieux de mille et de mille Dahomey; élite fanatisée, le roi fétiche les voyait. Inébranlables ils gardent le champ de bataille. Le Soudan est une école d'héroïsme.

C'est loin; le but peu enviable. La France regarde; son regard est distrait. Ils passent. La plage ingrate décime; l'ennemi insaisissable a bien voulu d'eux.

Rome avait dans ses légions de ces mercenaires. Le Sénégalais s'honore de suivre les lois du Prophète; le Dahomey courbe sous un fétichisme organisé jusqu'à l'horreur des sacrifices.

Il est d'apparence doux et timide; âme de feu, son cœur

est « blanc ». Il ne connaît pas la crainte; vaillant, fidèle, généreux. L'amour-propre l'exalte; la passion l'emporte; bonne ou mauvaise l'impression morale ne le retarde en arrière.

Le Sénégalais a senti de loin le contact de la civilisation.

Son antagoniste vit aux pieds d'un abominable, il plie; les plus grands sont esclaves, un signe fait tomber leur tête. Du haut en bas la morgue du tyran descend l'échelle du peuple au plus petit. Le Dahomey a les traîtrises du léopard, il cache ses desseins sous la doublure du félin, rampant parvient à son but avant qu'on se soit douté qu'il y marchait; ayant usé ses moyens de finesse, près d'être dépassé bond de tigre, il ne lâche plus prise. Brave; il adule son maître. Puis sa vie n'est sa propriété, elle tient au caprice; visiteuse inévitable vienne la mort. Insouciant d'une existence débattue il la délaisse sans pitié.

Son voisin l'Achanti est de cette trempe, et beaucoup. Le faible ruse, le fort violente; les gros mangent les petits.

A la cruelle école de ses mœurs peut-il être autrement? Le nègre défend sa vie et son honneur; à sa mesure. En affaires le blanc l'inquiète; sa fourberie s'éveille, s'aiguise; il se sent dominé, il biaise tant qu'il peut; il dépasse la mesure de l'honnêteté, s'il fait le violent c'est pour se briser; malgré les sauvegardes qu'il a dans son jeu, climat, pénurie des lieux, difficultés presque invincibles. Esprit de suite; cohésion. Ligue ne dure guère de peuple à peuple, dans un même village; irréfléchi, changeant, facile aux entraînements; tout le monde palabre sans agir à temps. Les nations européennes éprouvent tour à tour la politique cauteleuse des roitelets, duplicité contraire; leur morgue, ils ont grande suffisance d'eux-mêmes, et cette mobilité désespérante qui les fait louvoyer de puissant à puissant suivant l'enjeu du moment. Que de traités signés pour « un cadeau » regrettés, déniés l'appât consommé; sitôt loin la main de fer qui s'est appesantie, durement. Châtiment; bienfait, l'enfant oublie. Son village est brûlé en représailles; il élève d'autre paille et recommence.

Trace du Barbare à travers les âges confiant, prompt au doute; s'échauffant à la colère, se grisant du succès, s'abandonnant au revers; défiant, prompt aux retours, oubliant la leçon du passé pour retomber incessamment dans la même chute.

Faiblesse doublée de versatilité; née d'une humeur trembleuse elle affole la volonté, la paralyse. Le noir vit dans la crainte; crainte perpétuelle, il voit partout l'embûche, il est dévoré de soupçon. Le mystère de la grande nature l'écrase; la faim le guette; il a froid, il est nu; ses proches l'envient, le surveillent, ses chefs l'oppriment; ses dieux l'abandonnent. Il fuit la solitude; il s'y trouverait perdu, désespéré. Dure société; la vérité y fait tomber les têtes, la responsabilité pèse à chacun; il la redoute, s'y attache comme lierre. En défiance de son propre moi, du penser d'autrui il se cherche des amis, puissants s'il en trouve, des complices au moins; il compte que les loups ne se mangent entre eux. Il veut vivre coude à coude; dans le bien comme dans le mal il n'a pas la générosité de réagir, entraîné par l'opinion; celle-ci n'est guère indulgente. Survienne un crime, une mort obscure, la meute est lancée; étranger, captif, bouc émissaire. Invariable souci, détourner l'accusation. Lâche faiblesse; peur féroce, le faible est paria.

Esquisse préhistorique. Intelligence imitative; bornée dans le présent l'Afrique attend un modèle. Image du tempérament en bas âge, à extrême; insouciant du droit chemin, flottant au hasard des circonstances entre l'indifférence, la violence.

Le cœur humain est insondable. Nous apprécions avec nos sentiments des impressions; analyse délicate, trace incertaine.

MORALITÉ; CRIMINALITÉ; mots de conséquence, lourds à peser dans l'aveugle balance du continent ténébreux.

Moralité, « discernement moral »; le noir paraît excusable. Discernement relatif, fruste ou faussé; il pèche par défaut de cette conscience du civilisé en son état d'âme individuel et social; de cette conscience intime façonnée par l'hérédité, devenue comme involontaire, elle s'identifie avec la personnalité.

Moralité, « rapport des actions avec les principes qui en sont la règle »; crime, « très grave infraction à la morale, à la loi ». Morale non définie dans la conscience; code sans principes formulés, vague courant de traditions locales variables à l'infini. Cette notion identique par le monde connu, subsistant en cet état de guerre, hors la cause qui la légitime retour à la barbarie, n'était ce tempérament qu'on appelle « droit des gens »; dogme inappréciable... Criminalité instinctive; passion, loi de la moralité; force, mesure légale du droit.

Nous ne pouvons juger au taux de notre état. Bonté;

tempérament acquis, le blanc ne s'en fait accroire. Le noir n'est pas méchant. A notre égard sa responsabilité est contingente, inconsciente; ses mœurs n'ont aucun rapport avec les nôtres, elles sont bien siennes; il est accommodé à sa condition, il la subit. Exemple susceptible de modifier, occasion de choisir entre choses dissemblables; la lente éducation du temps mis à profit fait défaut.

L'homme primitif a notion du juste; mérite... Termes figurés dans les divers idiomes, distinction en germe dans la conscience; mais c'est son sentiment à lui que sa langue exprime rapporté à la personnalité; relatif. L'idée abstraite ne paraît à sa portée actuelle. Il acquiesce à vos raisons, je ne sais si elles ont éclairé son intelligence et touché son cœur; s'il n'est disposé à recommencer l'heure d'après.

A son avis le bien doit trouver salaire à bref délai; le mal, prompte punition. Il recourt au fétiche; il estime une sanction légitime ou nécessaire, il affirme l'obligation. Injure, réparation; tout s'accommode aux sensations présentes. Prescience de l'outre-tombe; l'âme renaît. Revivre sur la terre? jouir, souffrir, suivant les « mérites » passés; dans une condition relevée? Idéal vraiment modeste, dédommagement d'une telle misère.

Propriété; instinct assuré. Privé le noir tient à son bien, défiant il se garde du penchant au dol du voisin. Un lare en bambou funeste aux entreprises défend le foyer; les serrures font tort au fétiche. Le vol est blâmable, puni; préjudice, souci de la personnalité.

Il y a deux natures dans le sauvage : l'homme et l'autre; bête, instinctive; l'homme...

Caractère mou; volonté défaillante. Abjection du peuple,

effroyable personnalité des puissants; non-sens accablant. Le noir courbe sous l'arbitraire, à merci.

Résignation au mal qui atteint, inerte; fataliste. Il pourrait quelquefois s'en défendre; à meilleure raison demeure-t-il insensible s'il doit rester étranger aux conséquences. Il laisse faire; empêcher? il a peur pour sa vie. L'injuste ne soulève. Douleur morale; destin des siens, aux funérailles il se couvre de cendre, il s'est acquitté; l'oubli.

Indignation pour le mal en soi? Le moi intérieur s'émeut; pour autrui? moi personnel? Question intime; analyse hors portée.

Entraînements irréfléchis; vices pimentés, indifférence pour la vie voisine du mépris. Horreur du sang? La bête est excitée; tigresse.

Deux lois sévères dominent ces sociétés; trait original du tempérament barbare. La « force » dispose de tout. Le « sang »; prodigue on puise à la source humaine.

*

La force mène, tient lieu de morale. Bâton, symbole; témoin anticipé, sanction de la faute, la lanière pendue à la case; sceptre barbare, la canne portée par l'envoyé.

Le « chef » gouverne exécrable. Il voit de telle hauteur le peuple à ses pieds; cette chose est à lui. Principe d'autorité; odieux, absurde despotisme sans nom dans aucune langue; pétri de douleur.

Lorsque Gréré se baignait dans les immolations à la solennité des Coutumes, la foule dans la poussière disait :

Qu'il est riche, tant d'esclaves; et grand, disposer de la vie. La foule avait soif encore de majesté.

Mouanga flotte entre les promesses des missionnaires, la terreur des chasseurs d'esclaves. Instable courant, peur, caprice; il excite le zèle de ses sujets, le noie dans leur sang. Fidèles sous le glaive; sans mot dire on suit le bourreau.

L'Ouganda borde le Victoria-Nianza, réserve du Nil. Ce pays en horreur défraie la chronique; pour mémoire. Le chef est tout; rien n'étonne. Si vraiment, l'illogisme; la force véritable n'est pas dans un fétiche, latente dans ce peuple d'agneaux elle s'ignore. Une colère; la mer soulevée engloutit le vermisseau. Elle ne sait; elle frémit, de crainte. Inique privation de ses pauvres biens; le supplice arrache un sanglot. Ce peuple est doux.

La force prime; elle est ici le droit jusqu'au néant. Tyrannie, servilité; condition du faible, du peuple, de tous dans le gouvernement. Famille; le chef était dieu, le mâle est maître.

Dure servitude. Objet de luxe, bête de charge, être brisé la « femme » a le tout à faire; elle est battue, le seigneur a bu. Il se délasse; elle travaille « comme un nègre » à sa place.

Captive, elle s'achète bon prix. Souvent à la mort de l'époux elle entre dans l'héritage des proches; inconsolable, ne sachant au juste ce que vaudra le changement. Chacun en veut posséder beaucoup. Le mâle a des sens exaltés; c'est « grand monde » d'avoir sérail, et quelquefois profit; en user d'une façon atroce, il fait figure.

L'Ouemba visitant son piège à fauves y voulait mettre de ses femmes en guise d'appât.

Speke voyageait à la cour d'Ouganda. Le chef dépêche

sans marchander. Dans l'entourage on déplore bien bas cette prodigalité; les victimes sont belles. La foule riait au bourreau.

Aux marchés d'habitude on échange entre traitants une équivalence; une femme contre une défense d'éléphant. Le Pahouin sait ce qu'en vaut l'aune; il retient son gage par le pied passé dans la fente d'un billot, bien amarré jusqu'à conclusion du marché. Manière anodine; trait de mœurs instructif.

La primitive n'est pas un ange; lui jeter la pierre dans sa misère. Les plis du pagne découvrent aisément son impudeur; elle s'abandonne volontiers. Le mari s'en montre jaloux. D'habitude il venge son honneur; chaque canton a ses moyens. Violation du marché conjugal; délit moral, attentat à la propriété; question délicate. Le féticheur a charge de déceler la coupable; épouvantail masqué, la nuit dans sa case il la corrige. A Fernando-Po les Boubi coupent le bras à l'adultère. Esclave séducteur, la torture son lot; l'homme libre paie rançon, peine légère, est-il sûr de ne s'être buté à plus fort que lui?

Chasteté, pubère de bonne heure; certaines à la nubilité ne savent plus l'âge de leur virginité. La fleur noire est fanée jeune; sa fécondité hâtive. Les moyens ne manquent de garantir la vertu. Des peuplades du Soudan usent d'un mode raffiné d'infibulation; étrange honneur parmi les vierges. Au Gabon la « grande femme » veille les jeunes épousées. Secret de la brousse immense, sauvegarde des mœurs. Frein à la dépravation qui naît du rapprochement des fils et des jeunes épouses qu'achète successivement le père de famille jusqu'à la vieillesse chenue; de frères et sœurs de divers lits vivant côte à côte, se souciant peu à l'âge de l'irréflexion et du désir, de la parenté du sang. Promiscuité; chenil humain.

Que devient « l'enfant » dans tout ceci?

La femme le porte dans son sein, féconde, donc on le laisse venir à bien. En certains cantons abâtardis, de ces peuplades vieillies dans une enfance gâteuse la native se dégoûte d'être mère avant la naissance de son petit. Elle a connu un blanc, elle a peur de son jaloux; c'est une gêne, une charge, les drogues de la brousse la délivrent à point. Ressources bornées; les Okanda sont prévoyants. Un enfant tous les trois ans, chose réglée; entre temps la matrone intervient.

Exception; l'avortement ne dépeuple le pays noir. S'il convient de comparer, notre Europe avancée n'est exempt du fléau, mais c'est une grave erreur; la loi surveille, punit; la loi, aide éclairée des mœurs. Le crime effraie notre conscience virile; ces communautés flétries regardent d'un œil éteint le déclin prochain.

L'infanticide doit être rare. Une mère est toujours mère. Lien plus fort que le soin personnel, il résiste dans la triste abjection alors que s'effondre le reste. Elle n'a pas senti en voyant naître cette joie indicible d'avoir mis au mondeun fils, lasse du fruit adultère qu'elle a porté, préoccupée de sa honte elle le rejette; cette mère est une monstruosité en tout état. La bête défend sa portée jusqu'à la mort.

Peut-être la négresse est-elle mieux préservée des égarements qui vont perdre la blanche. L'enfant croît sans langes à la molle tiédeur du tropique, un coin de natte suffit. La misère ne se présente pas devant les yeux troublés, spectre qui hante nos cités; les regards ne se détournent; elle échappe à l'abandon, au désespoir qui affole la raison devant l'inévitable.

Il n'y a pas de statisticiens dans le noir continent, on peut préjuger de ses sentiments par certaines de nos colonies; les mœurs en se policant gardent la couleur du soleil tropical. A l'ile Réunion ce crime dans la race mêlée descendante d'anciens esclaves soulève la clameur publique; l'adultérin est entouré des mêmes tendres soins que son frère reconnu; de père blanc il est choyé. C'est beau d'être blanc.

L'enfant est né sans malencontre; il pousse au soleil, il voit faire, il imite; ainsi ses parents de toute antiquité. Dans son bas âge il a sa mère; c'est bien. Elle vient à disparaître; abandonné à quelque femme de son père.

« Examinons ce sujet sous une de ses faces moins discordante avec nos mœurs. Dans notre société une mère a pris charge d'élever avec les siens des enfants d'un autre lit; bonne, impersonnelle aura-t-elle le désintéressement de faire entre eux partage égal? dévouement réputé exemplaire. Dans ce milieu inouï de composition s'agitent les pires passions de la barbarie; il s'agit bien de partage. Instinct; lutte atroce pour l'existence, le faible est voué à la condition de souffre-douleur (*) ».

Un père n'est une mère. L'homme est personnel; l'autorité débat avec le cœur. L'instinct de la paternité est plus fort sans doute que le moi, il aime sa progéniture à son égal; sentiment désintéressé, grandi parfois jusqu'au renoncement. « Roi » du foyer pourtant; chère apparence. Leçon d'histoire, le père se rengorge; droits ré-

______

(*) *L'Afrique occidentale; la nature et l'homme noir.*

galiens, antique apanage. Inconsciemment le juré transporte la réminiscence aux assises; mansuétude inconcevable, l'enfant sacrifié n'est pas vengé. Le jury s'en est plaint. Il n'y a rien de nouveau sous le soleil; l'humeur a changé. Secrète tendance vers l'absolu; on frémit dans sa conscience, on glisse sur la pente... peu; heureusement.

Dans notre société lever une main criminelle; livrer au martyr d'une fausse mère, accabler cet enfant pour plaire à cette femme; tare originelle ou acquise. L'exception soulève l'horreur; la conscience publique est sans pitié. Dans l'état barbare; quelques faits valent toute argumentation. Les enfants à tel moment deviennent chose comme le reste.

Un noir du Tanganika parie de casser un œuf pressé par les deux bouts entre ses doigts, ayant perdu il rend le gage du jeu; son enfant.

Abeokouta immense bourgade de la Guinée constituée en république enferme un peuple dans une enceinte. Les Egba vénèrent un fétiche qui veille sur la moralité des femmes, souci constant des maris; devant elles nul ne prononce le nom d'Oro sans mourir. Un jour le mythe traverse la ville portes fermées, un jeune garçon ose devant sa mère imiter le frémissement sacré. Cédant à la fureur du dieu le père étrangle sur l'heure l'enfant téméraire.

Les malformés de naissance, où j'ai passé sont rares dans les villages; un bossu excite la curiosité populaire. Je ne sache pas que la race africaine nativement soit aussi uniformément belle; je penche pour de nombreuses suppressions. En pays pahouin meurtre des albinos, crainte du maléfice qu'une apparence menteuse fait redouter. Jumeaux; Krou, Wayova du Tanganika n'en gardent qu'un; Papel de Guinée les jettent à la mer; augure néfaste sur les bords du

Kalabar; témoignage d'infidélité au Dahomey; le Benin immole la mère avec ses fruits. La pleine lune trouble la conscience du Zanguebar; nouveau-nés livrés aux fauves (*).

Aberrations; infamies.

Le « captif ». Nous entrons dans un ordre d'idées désolant; mépris de l'homme, de ses douleurs; absence de sens commun qui ne fait retour sur soi-même : Maître aujourd'hui; peut-être esclave demain.

La traite maritime pourvoyait d'instruments de travail; de « machines animées » suivant le mot d'Aristote (ἔμψυχον ὄργανον), les colonies européennes transatlantiques; il fallut un persévérant effort pour extirper cette lèpre de l'Afrique occidentale. Nègre ne comprend pas, cela s'est toujours fait; les chefs y trouvent de gros profits. Personne n'est assuré de la liberté; sur la route on prend son esclave; volé plus loin avec son bien. Deux Adouma en voyage étaient amis; de retour au village le grand met la fourche au cou du petit, il le vend. Des bourgades entrepositaires d'esclaves vivent de ce revenu. Il n'y a plus d'hommes; chacun tremble sous le bon plaisir.

(*) Le *Bulletin de la société de Géographie de Paris* (année 1890) au récit de MM. Reichenbach et Bloyet relate ce qui suit :

En Assini nul ne conserverait son dixième rejeton. L'enfant qui naît avec six doigts, enduit de rouge est enterré vivant sous la forêt. Cette irrégularité a nom *sexdigitarisme*; au Gabon nul présage ne s'y attache; les mères coupent l'appendice en trop dans le nœud d'une liane. Une jeune femme qui conçoit avant sa troisième période menstruelle se voit arracher le fruit de cette erreur de la nature. Dans l'Oussagara immolation de l'enfant venu au monde mal conformé; après un accouchement laborieux; en un jour réputé néfaste, nouvelle lune, éclipse de lune ou de soleil. L'apparition d'une comète est le signal d'un massacre des innocents.

Habitude invétérée, le moindre en désire posséder un autre. De bons esprits hésitent; l'opportunité d'intervenir en faveur de gens qui ne « veulent » pas leur paraît douteuse. Planteurs, denrées coloniales, l'humanité n'insistait; ce passé est mort. Reste l'Afrique. Soumis à sa couleur, obéissance facile, joug léger; le nègre ne courbe plus sous le fouet étranger; maître et familier, « père et fils », devant le monde. Vraiment, ils ont égal intérêt à le laisser croire.

L'ombre de la terre noire s'étend jusqu'à nous clairvoyants pour obscurcir nos yeux; lui-même, le souffrant il y cherche abri, il cache sa plainte; son silence, je me le rappelle c'est le pire aveu.

Captif de naissance le déshérité accepte son habitude; il reste attaché à la geôle par la nécessité du gîte; n'ayant bu qu'à une coupe, la misère; apathique de tempérament, amorti par sa condition il répugne au changement. L'esclave refuse un présent dangereux; il a peur. Un breuvage secret l'abêtit; « l'apprivoise ». Personne ne sait; lui ne dit pas les vengeances secrètes qui le menacent s'il tente la liberté (*).

Je tiens pour certain, en une matière pétrie d'égoïsme, de préjugé; de cette lie qui sommeille, il n'est jamais sain de compter sans réserve sur l'humanité. L'homme, chose possédée d'un homme; c'est tenter la nature. J'ai vu des noirs mourir sous le fouet; ce n'était pas des captifs. Lâchez donc la bride à l'absolutisme, il va descendre la

---

(*) Le congrès des nations vient d'affirmer solennellement qu'on n'acceptera plus désormais cette protestation de l'esclave au bienfait de l'esclavage. Le temps est long à dessiller les yeux.

pente, au galop. Il se grise à se trouver sans frein, il s'exaspère de l'opposition, il s'aveugle; de la passion à l'instinct le pas est court. En terre esclave, de loi, de contre-poids; rien. Dans une société impitoyable au faible, à l'inutile; dans cet état déréglé, traité en raison de ses services; jeunesse, bon temps. Vieux, infirme; meuble inutile, on l'égare pour le perdre, qu'il ne puisse retrouver le chemin de se traîner à la dure case de son maître. Il est abandonné, ainsi la plus brillante civilisation païenne, sur la plage déserte le flot l'emporte; dans la brousse les fauves, la faim le guettent. Viennent les jours d'affolement; solennités, coutumes, il faut des immolations. Redevable de ses douleurs; de sa vie.

« Douce » existence qui dépend de la volonté d'autrui.

Fétichiste. Musulman, « le pire des hommes est celui qui vend des hommes »; le Coran parle à des sourds.

Le monde civilisé ne trempe plus dans l'infamie. Colonies à esclaves, la traite maritime qui les alimentait est tarie à l'occident; traquée sur la mer opposée. La chasse se rabat sur l'intérieur, productive. Le champ de course embrasse une immense étendue; quarante degrés en latitude. Trafiquant sans risque dans cette zone non surveillée, approvisionnant sur leur route tyrans, tyranneaux du centre les marchands de chair humaine rayonnent vers la ceinture barbaresque propice à l'écoulement de leurs produits; de ceux que la faim, la soif, la lenteur du chemin ont épargnés.

A l'Orient les voleurs exploitent le pays riverain des Lacs; déjà les bras manquent à la terre. Ils sont réputés de la pire humanité. Métis d'Arabe modifié par l'habitat sous l'équateur et d'un nègre de la région, ils doublent en leur personne à divers alliages les défauts de races croisées. Leur humble ancêtre ils le méprisent; cette bête est pour plier; on peut la surmener à volonté, sans pitié. Ceci est typique, sauvage : le métis renie son origine; il espère par extravagance la faire oublier. Caractère dominateur; appétits, sens exaltés; sans frein, pleins de leur supériorité, plus volontaires que ces populations habituées à courber sous le joug, les « Arabes » sont maîtres. Le croissant, prétexte; où ils passent la solitude demeure.

Maudit; le pauvre se venge d'un mot et fuit. Village surpris; fauves en quête de proie les chasseurs rabattent le butin convoité. On tue les rétifs qui se défendent, pour avoir leurs fils; violence aux femmes, meurtre des inutiles, valides réservés. Les forbans ont fait autour d'eux cette paix qui ne parle pas; ils s'en vont. Lamentable odyssée; la chaîne suit mains liées, entrave au pied, fourche au cou. Le soleil est de feu; l'eau et le sorgho sont mesurés. Ceux qui tombent sur la voie misérable ne se relèvent, laissés en proie aux hyènes, abandonnés avec leur cangue; sûr destin. Ils ne seront dénonciateurs. L'enfant, charge trop lourde, tué sur le sein de sa mère. Ossements semés au long du désert, trace de la caravane.

Dans le Soudan occidental pareil tableau; le drame paraît moins chargé. Des pourvoyeurs alimentent la région du Gabon-Congo; razzias destinées aux coutumes; la Sénégambie n'est pas purgée. Le colonel Frey (*) retrace le sinistre aspect de ces troupeaux malmenés par les Dioula; marché d'échange aux abords de Médine et de Bakel. Assimilation laborieuse; notre autorité n'est pas assez sûre du terrain pour ouvrir partout les yeux, elle y tend ses efforts.

Ces faits, des témoins autorisés les relatent; ouvert, clandestin le trafic « du bois d'ébène » dévore l'Afrique centrale.

(*) *La Côte occidentale d'Afrique.* Marpon et Flammarion; Paris, 1890.

Traite, épreuves, sombre misère, elle « perd son sang par tous les pores »; se dépeuple hors nature par centaines de mille chaque année; un grand pays est menacé de devenir solitude.

L'Afrique a la vie dure; âge de fer.

Des blancs attachés à la glèbe se réconfortaient chantant cette plainte virile :

> Nous sommes hommes comme ils sont,
> Tous membres avons comme ils ont
> Et tout aussi grand corps avons,
> Et tout autant souffrir pourons;
> Ne nous faut fors cœur seulement.

Le « cœur » manque à l'esclave; au peuple noir. Il accepte passivement le joug; son droit d'homme, il faut le lui rappeler; l'aider malgré lui-même. Grand; naïf de sa lignée, délirant de superbe. Faible; timide en raison de la main qu'il craint. Chose inconséquente, atroce, nul ne connaît la pitié; l'abaissement de plus petit excite le mépris. Ceci est dans les mœurs; esprit de solidarité, la haine de famille s'excite contre elle-même. Voyez ces deux partis engagés; blancs mêlés aux indigènes. C'est entre gens de couleur que la querelle s'anime ardente, sans merci. Le captif est dur pour son compagnon de chaîne; ainsi il s'apaise.

Une question ne mérite de nous retenir; elle a été discutée. Mélancolie de l'esclavage; nostalgie de la terre où il est né, de la liberté; liberté douce au cœur de l'homme, le nègre est-il indifférent? Les Cafres de Bourbon se réfugiaient sur les froids pitons; souffrant ils étaient libres (*).

(*) Dans le cirque de Salazie, au sein de l'île enchanteresse se dresse un morne presque inaccessible, le « Piton d'Anchin ». Au siècle dernier un noir

Les engagés kroumen témoignent d'un vif sentiment au souvenir du foyer; ils ne se résignent pas à prolonger leur exil volontaire au delà du délai consenti. Des prisonniers risquent leur vie à l'espérance. Il y en eut, ils se laissaient mourir; on juge sévèrement à l'époque ces mauvais esclaves « qui ruinent leur maître ».

La traite telle qu'on la connaît excite une profonde terreur; déchirement inouï. Les robustes résistent à l'abominable sélection; peut-être au bout de leur misère, insouciance native, le sort est tolérable?

Suicide en pays noir; au Dahomey. Chez ce peuple remarquable par ses excentricités les geôliers du roi bâillonnent les victimes destinées au sacrifice au moyen d'une croix de bois dont la traverse appuie fortement sur la langue et l'empêche de se replier. Convulsés par l'horreur de la tuerie à laquelle ils sont destinés; échapper coûte que coûte aux négriers, les sujets du « Lion des lions » dans un violent effort qui rompt le filet se renversent la langue en arrière, ils s'étouffent.

Si l'attentat contre sa propre vie pouvait être défendu jamais ne serait mieux justifiée la folie de tant de maux. Placidité, soumission à l'inévitable; le fatalisme d'une longue habitude aide à supporter une existence insoutenable dans un état cérébral avancé. Instinct de la conservation plus fort que le désespoir? Le poison inconnu ne se révèle pas; la mort passe indifférente. Nul n'est admis volontiers dans l'in-

« des Bas » s'y réfugia avec sa femme; il vécut neuf années dans la solitude de la moelle comestible d'une fougère arborescente, vêtu d'écorces tissées, allumant son feu le soir crainte des limiers dressés à la chasse des « marrons ». Repris on le ramena entouré de sept enfants qui n'avaient connu d'autre homme que leur père. Le maître était bon; il reçut à merci l'esclave fugitif.

timité native; le voyageur connaît de ces mœurs ce qu'on a bien voulu lui apprendre.

* *

Ceci excède l'entendement. Hier dans l'âge du monde; fureur du sang, chose commune en tout lieu.

Moïse disait aux Hébreux : Quand vous tuerez vous ne boirez pas le sang, vous le laisserez couler à terre comme de l'eau. Le Législateur prémunit son peuple enfant à la vie sociale; tempère un instinct. Coutume ancienne; elle subsiste. Les Dinka du haut Nil boivent à la veine des troupeaux; le Fang sorti du pays qu'arrose le chevelu du fleuve égyptien saigne sa proie humaine.

Aux antipodes le mangeur d'homme montre ses outils, ses armes, des pierres polies; la serpentine représente un âge de notre industrie. Le Kanak assomme.

Procédé différent, fin pareille; atténuation. La masse du constable n'est pas un hasard. Il n'est pas bon que l'homme sente le sang, sa vue grise; il en monte une odeur troublante, âcre fumée qui s'échappe de la mêlée. L'odieuse tendance du premier âge se réveille; ce n'est rien de répandre la vie. Le plus cultivé des hommes voit rouge à ses moments; il se possède. Penchant héréditaire, nature, une sûreté; joie de forcer la bête. Ah! qu'il se retrouve bien là tout entier cet instinct primitif. S'emporter hors de soi-même; oublier son vêtement.

Des individualités passons aux foules, elles sont impersonnelles; leur volonté collective comme l'acte qu'elles vont commettre se dissout se divisant sur tant de sages; leur remords aussi. L'état civilisé n'est pas en cette matière distant de la barbarie; il y retourne à cœur joie. Le nombre se grise de se sentir en force, on crie, on s'entraîne ensemble; la clameur se fait vérité; la voix du peuple est justice, elle est multitude et grosse voix. L'alcool à son heure monte le diapason. Sang versé, délire; on s'en donne à perdre la tête. C'est une folie...

Emportements intermittents; mauvais jours passagers. La conscience se retrouve après l'acte; elle reprend possession de l'homme. Nos sens se contentent des semblants de la scène, ils tâtent de l'angoisse d'autrui, en simulacre, ils en goûtent l'horreur; la feinte suffit à leur jouissance, ils sont matés. Barbare, joie du drame; de la réalité.

« Criminel instinctif », ivraie malfaisante; l'abondance du bon grain l'étouffe dans sa croissance. Emportement bestial, mâle altéré de furie; la victime est palpitante, chaude ou vivante il s'assouvit; étreinte proche de la joie du sang, si proche qu'il boit, s'en saoûle.

Écrire ces choses. Criminalité, effroi de la conscience. Jack-l'Éventreur, pastiche de l' « Oma-Ndiègo » des Mpongoué.

Le « tigre » tue pour tuer, sinistre errant de la nuit. Captif, maudit de sa tribu il rassasie la représaille longtemps caressée, sert l'intérêt du puissant, frappe en aveugle. Payée sa haine, celle d'autrui qui excite sa main; il y prend goût. Les naturels pleins d'épouvante restent incertains s'il est tigre ou homme (*).

Monstruosité individuelle. Soif de vengeance, débauche du

. (*) Le moyen âge a connu de ces *lycanthropes*; le *garou* hante les veillées. En 1573, le parlement de Dôle condamne au feu un loup-garou qui égorgeait les filles pour les dévorer.

meurtre; contagion du nombre, la meute au pire excès
s'excite; l'origine bouillonne en débordement.

L'enfant naît cruel; atavisme tenace, âge sans pitié. Le
noir est bien le pire des enfants. Mauvais par colère, indifférence; il a le rire, le sang faciles; la vie, souffle qu'il
rompt à son plaisir; il assaisonne le tourment, le bourreau
ajoute du sien à la mort.

Las des fadeurs de l'existence on prend goût aux sensations qui font sortir hors de soi-même; douleur, la vie
soupire longue à s'exhaler. Affreuses joies; la bête jouit.
Elle aime ce qui est vite et ce qui est lent, elle se satis-
fait d'un trait brutal, elle savoure; deux tendances, deux
excès.

Sang versé; représailles. C'est comme un assaut dans la
sauvagerie de ressentiment, de soupçon; chacun attend son
heure ou sa reprise; personne n'est assuré du lendemain.
Sommaire, la justice noire.

Dans cette débordante nature équatoriale qui jaillit à pro-
fusion du moindre grain d'humus baigné d'eau et de soleil
les plantes vénéneuses abondent. Poison des flèches, l'inexorable « Iné » pahouin (*Strophantus hispidus*), l' « Ouabaï »
somali, Apocynée pareille en ses effets. Le poison a mauvaise
réputation en pays exotique, agent sournois, arme du timide,
il venge en se cachant; dissimulé, traître on craint ses
coups secrets; on voit, on croit voir partout sa trace. Les
blancs se rappellent à l'occasion la tendance du caractère
natif, faiblesse et violence; rancune qui élude les moyens,
malignité qui s'ingénie frappant les serviteurs pour atteindre
le maître et causer sa ruine. Égarement du fétichisme, pratiques qui joignent l'odieux à l'absurde; coup de théâtre
s'abattant colère du ciel sur toute une maison. Chacun trem-

ble; le soupçon court de bouche en bouche et déroute. Terreur; mystère pèse sur l'Afrique.

N'ayant qu'une confiance relative en son jugement, tourmenté par l'inquiétude d'autrui le noir cite un augure au témoignage du mensonge. L'augure rappelle ces pratiques qui eurent en notre âge d'airain la prétention d'arracher par une torture le secret de la conscience; l'aveu. « Poison d'épreuve »; c'est une série, chaque région produit le sien. « Tangin » de Madagascar (*Tanginia venenifera*, Apocynée); « Teli » du Nuñez (*Erytrophlæum guineense*, Légumineuse cæsalpinée); « Sassywood » des Krou; « Eséré » du Kalabar, fève d'une Légumineuse papilionacée (*Physostigma venenosum*); « Bonda » du Loango, « Boundou » du Gabon, Loganiacée de synonymie analogue.

Le boundou décide sans appel de toute affaire douteuse et grave. Le féticheur broie dans une calebasse la racine meurtrière. A la lueur des torches, aux accords furibonds du tamtam, le réprouvé boit d'un trait, un tronc d'arbre marque la limite funèbre, il court; s'il passe, sauvé, sinon le breuvage opère.

OEuvre connue des Strychnées. Enivrant à faible dose, atténué par une prise d'huile de palme; mode de préparation, affaire du justicier. On voit quel singulier pouvoir ce juge a dans les mains.

L'apparence sauve la vraisemblance; expiation légitime, si le coupable était jugé et convaincu. Au fond l'épreuve est une forme du sacrifice; il s'agit bien d'un crime à punir, le sang veut être lavé par le sang, n'importe la victime. Satisfaction à la foule outragée dans sa « morale », tribut à sa crainte vindicative; cet holocauste multiplié par le soupçon dévore des existences.

Mode inénarrable de l'hécatombe; « Coutumé » (').

Le despotisme règne abominable. La puissance britannique a refroidi l'Achanti; le Dahomey... Koumassi, Abomey; l'une nomme son forum « Jamais sec de sang », peuplée de fétiches l'autre expose le temple des ancêtres pétri d'argile dans un charnier. Sur ces repaires d'innombrables corbeaux sacrés, des nuées de vautours attendent la proie.

Épouvante des régions d'alentour le chasseur d'homme lève ses bandes, ramène des prisonniers; on les attend. Coutume; routine, caprice insensé. Couleur; nuit, trépas. Jours solennels; le roi rend justice, élève aux bénéfices, décide de la guerre, consent les traités. Puis il faut aux trépassés honneur, à lui glorification, au peuple réjouissance. Piété filiale, foi jurée; majesté se noie dans une marée de gin et de sang.

La « grande » célèbre l'auguste fin, une fois dans une vie, par panneraies de têtes abattues; magnificence sans égale. La fête « annuelle », au retour des razzias, promesses d'automne.

Les chefs de bourgade mènent des hommes au sacrifice. Les blancs sont conviés; leur présence est un gage. La foule glorifie, se couvre de poussière; les dignitaires dansent devant le roi. Salam au peuple; largesse. Le tumulte échauffe les cervelles à l'apogée.

Avant le coup de grâce le roi remet l'obole funèbre, le tafia égaie la traversée douloureuse; il dicte sa volonté. L'ancêtre dans l'outre-tombe accueille bien le message. Des larmes silencieuses coulent des yeux de ces jeunes hommes près

---

(') L'Assini, rameau détaché du tronc achanti, montre à Kinjabo la place des sacrifices et la « maison du sang ». Crainte des blancs, germe de prudence; le rite abominable est bien gardé.

de mourir; ils tendent la gorge au couteau. Le sacrifice avance. On s'enivre d'homicide; orgie furieuse, les seigneurs aident les bouchers. La majesté s'exalte; mais elle grandit dans cette boue humaine. Prodigue de vies; spectacle de gala fait pour blaser le goût avide d'atroce nouveauté jusqu'à la frénésie du fauve qui nage dans le meurtre, une joie; guerriers, le sang les trempe de cruauté; la terreur détourne les ombres d'attentat qui hantent les despotes; les fétiches aiment qu'on souffre, qu'on meure; les mânes réclament des serviteurs. Mortelle fiction de la religiosité noire.

Semblant de logique; l'humanité voudrait se disculper.

L'ombrage du Dahomey n'entend pas raillerie, les féticheurs y tiennent comme à leur vie. Le blanc n'est pas sage. La couleur fait l'homme; il n'y comprend rien et veut la régenter. Indomptable manie, sinistre naïveté; ainsi tourne la roue africaine dans son orbite d'effroyable fatalité.

Sujet d'actualité. Le Dahomey joue les blancs, il compte sur l'impunité; la nature est difficile. La France ne souffre devant ses yeux ces violations répétées du droit des gens, cette menace sans trêve à ses protégés. La guerre, la triste guerre est juste; défensive elle soutient son droit, elle mène en avant la bannière de la civilisation. Inéluctable destin; dure nécessité, le sang ménage le sang; scelle l'avenir (*).

On a dit : La suppression de la traite excita la fureur du

____

(*) Depuis on a traité; traité d'attente. Le méridien de Paris suit la ligne d'Alger à Saï, poste frontière du Soudan français; à Kotonou, par le couloir du Dahomey notre domaine africain doit trouver un de ses débouchés naturels vers la mer de Guinée. L'avenir reste réservé.

Maintenant l'intérêt de la chose publique prime tout débat. Souhaitons un revirement inespéré dans les habitudes du continent noir, qu'il respecte enfin la parole donnée. Le Dahomey est connu et surveillé.

négrier; trompé dans son gain, n'ayant que faire de bouches improductives, il s'en débarrassait. Sans doute; détestable désarroi d'un état nouveau. Plus tard des étrangers veulent racheter les prisonniers (*); le Dahomey les réserve à la tuerie. Sacrifice, institution immémoriale; nature de la sauvagerie. La civilisation est son frein.

De cet égarement au cannibalisme, transition insaisissable; le Dahomey de nos jours la respecte. Un témoin oculaire du siècle dernier raconte que la foule perdue de frénésie partage avec les vautours la joie du cadavre dans un repas innommable. Fureur fétiche, emportement de la lutte, vengeance

(*) Bien entendu ce rachat implique les conditions du droit des gens; c'est-à-dire engagement librement consenti, assurance de libération à délai précisé. Les émigrants savent le nombre d'heures de travail qu'on exige d'eux, ils sont logés, nourris, payés; dûment avertis qu'ils ont recours contre une autorité abusive. Ils servent en vertu d'un contrat mutuel, on ne saurait justement prétendre qu'il s'agit là d'esclavage déguisé. Il est trop vrai, en Afrique nul n'est libre de sa volonté, de sa personne, persuader est synonyme de contraindre, les chefs pèsent de tout leur poids pour faciliter un recrutement dont ils ont une part des profits; s'il est certain que le noir méconnait la portée d'un engagement qui oblige, il en apprécie bientôt le bénéfice; il ne semble pas douteux d'ailleurs qu'en échange de la captivité ou de la mort à bref délai, le choix ne soit préférable de s'abandonner au sort étranger qui laisse au moins l'espérance. L'humanité dans la pratique doit se plier aux conditions de lieu et de milieu; en ces pays désolés son champ est l'inconnu, notre droit civilisé un abime; aux représentants des Pouvoirs européens à le garantir dans la limite du possible. Contrat réglant la situation des parties, protection qui suit attentivement le travailleur aux diverses étapes de son engagement jusqu'à la libération; l'humanité n'est plus en péril, elle fait à notre avis un pas dans la voie du progrès.

Ces lignes étaient écrites en un moment où personne ne se faisait illusion sur la fragilité d'une entente durable et la nécessité prochaine de la reviser par les armes. Le Dahomey n'a pas tardé. La période d'action qui se dessine là-bas réserve toute considération humanitaire au temps de l'apaisement définitif qu'elle va préparer.

et violence, qui pourrait sonder le mystère de la forêt reculerait devant la vue.

Désir, appétit hors nature. Sauvagerie aux abois; implacable nécessité, affreuse conseillère. L'orgueil courbe avec révolte et pitié devant la bête; affres le besoin rugit, lutte affreuse à qui l'emporte de l'homme; la faim.

Il n'y a pas loin les Kanak étaient anthropophages; famine frappe à leur porte. Les Aztèques de mœurs policées se repaissaient par sensualité de la chair apprêtée de petits enfants; ceci est le pire. Le Fang notre sujet est violent; il vit de chasse, il est indifférent aux moyens; la bête la plus forte s'entretient aux dépens de la faible. Du gibier à la capture de l'homme; âme bestiale, l'animalité dépasse le degré. Le Fang est famélique; tradition de la terre niam-niam sa mère.

Le sauvage y met de la pudeur. Il se peint de couleurs fétiches; les adultes seuls participent, vivent séparés de leurs femmes le temps prescrit par le ngan interprète des Esprits. Parodie religieuse; fureur passagère, froide satisfaction d'une habitude invétérée? L'appétit carnassier trouve son compte; la passion pour beaucoup l'a emporté (').

Après les coutumes, les « funérailles ».

(') En ce sujet y aurait-il à dire. La vie, celle d'autrui est indifférente au noir; il est insensible à la souffrance qu'il ne sent dans sa chair. L'homme vaut ce qu'il a coûté; le besoin n'a le cœur tendre. Le Père Augouard nous entretenant des mœurs cannibales de l'Oubangi ne sera pas suspect de charger le tableau. Le captif est son bien, il l'a payé; bétail, à l'abattoir. Il est à point, on s'en assure. Fête de gourmets; femmes, enfants assistent à la boucherie, jouissent à l'avance du bon morceau, se disputent tout haut devant lui perdu de terreur les mérites culinaires qu'on s'en promet. Le boucher tenant à sa réputation ne se presse pas; il affile son couteau, marque au cou la place qu'il va frapper, lève le bras; se ravise. Le bœuf a de notre part plus de ménagement; de pitié.

Pour une fois je laisse parler les blancs en une de ces pages figure d'une formation orageuse; le passé se débat avec l'état nouveau. « La seconde femme de Gonthramn, Austrehilde atteinte d'une maladie qu'elle sentait devoir être mortelle eut la fantaisie barbare de ne vouloir pas mourir seule et de demander que ses deux médecins fussent décapités le jour de ses funérailles. Le roi le promit comme la chose la plus simple et fit couper la tête aux médecins. Après cet acte de complaisance conjugale digne du tyran le plus atroce Gonthramn était revenu avec une facilité inexplicable à ses habitudes de royauté paternelle et à sa bonhomie accoutumée (*) ».

Ce barbare fut débonnaire entre les rois mérovingiens; Augustin Thierry lui décerne cet éloge. Acte récent; an 580. L'histoire offre des encouragements aux déshérités. Qu'ils mesurent la distance et ne désespèrent; leurs descendants se souviendront. Revenons à l'Afrique.

Consommation à des dates solennelles d'un grand nombre de vies, la coutume relâche; tribut funèbre, détail infini. Lourd impôt; inexorable. Et d'un bout à l'autre de la terre noire dans la famille, la domesticité, dans l'état libre qui peut se vanter de n'être esclave? d'échelon en échelon depuis les plus petits c'est une foule qui tremble à l'agonie du puissant, attendant le sort du sacrifice; spécule sa chance d'existence sur l'intérêt de l'héritier à ménager des vies; sait qu'une part inévitable est réservée aux

La chair humaine est réputée mets noble, de distinction; vanité, estomac... L'indifférence ne se peut mieux marquer qu'en des scènes de bestialité pires que les actes même de la bestialité.

(*) *Récits des temps mérovingiens.* (Quatrième récit; *Histoire de Prætextatus.*)

mânes du riche. Mourant d'avance on se détourne de ce calice.

Le destin a devancé le soupir; immolation anticipée. Il ne plaît de quitter la vie solitaire; soulagement, maux partagés. Mourir; mort lente. Lit d'hommes mutilés par la torture, captifs, femmes enterrés vifs avec les objets journaliers du défunt; hécatombe multipliée par la grandeur. Du modeste village au puissant royaume il en est ainsi; chacun fait de son mieux, à ses moyens.

L'historien Labat raconte que le chevalier Des Marchais étant à Sestre assista aux funérailles d'un petit chef. Sestre est une bourgade de la Côte-des-Graines pauvre et humble; les Krou sont les plus doux des noirs. La favorite devait suivant l'usage accompagner son seigneur dans l'outre-tombe. La fosse creusée, « le marabout jugea qu'il étoit temps de finir la cérémonie, il prit la favorite par le bras et la livra à deux puissants Nègres qui l'empoignèrent rudement, lui lièrent les bras et les pieds et les genoux et l'ayant renversée sur le dos lui mirent sur la poitrine une piece de bois, et se tenant l'un à l'autre les mains appuyées sur leurs épaules ils sautèrent de toutes leurs forces sur la piece de bois jusqu'à ce qu'ils lui eussent écrasé la poitrine. Ce fut ainsi qu'ils la firent mourir en tout ou en partie. Ils la jetèrent dans la fosse avec le reste du cabrit, ils jetèrent le corps de son mary sur elle et aussitôt la fosse fut comblée de terre et de pierres. Les cris finirent dans ce moment; un prompt silence succéda à ce bruit épouvantable qui remplissoit tout le village et chacun se retira chez soy aussi tranquille que s'il n'y avoit pas eu le moindre mouvement parmi eux (*) ».

La mort poursuit la vie. Lutte désespérée pour la con-

(*) *Voyage du Chevalier Des Marchais en Guinée, Isles voisines et Cayenne;* fait en 1725, 1726 et 1727.

servation, issue douteuse; privilège qui se ménage des joies jusque dans l'autre monde aux dépens du troupeau, indifférence pire que la passion cruelle, défiance; sauvagerie, l'homme...

L'horreur du sacrifice funéraire, gaspillage imprévoyant d'existences utiles ne se peut comprendre si tout finit avec la vie. Les mânes sont l'objet d'un culte; on les appelle au son de la clochette en procession; offrandes sur les tombeaux; on demande, le ciel refuse à la terre. Communion avec les ombres; participer au bénéfice de leur mortelle enveloppe.

Riche en dons l'*Okoundou;* parcelle de notre poussière, ce fétiche promet les joies de la terre. Le Mpongoué nargue le destin; il a bu dans le crâne de son aïeul. Dépouille du blanc; le mort était envié de son vivant. Okoundou paternel; fétiche par excellence. Un chef avait un fils qui convoitait son héritage et ne reculait pas devant les moyens; il le savait, restait soucieux. Il immola de nombreux esclaves et déjoua le maléfice.

Ineptie; terme, le sang.

Un sorcier fut surpris traitant les gens malades d'une poudre merveilleuse préparée d'ossements de cimetière. Pays noir; féticheur, okoundou, crédulité; découverte inattendue.

Formes familières du sacrifice. Caprice, bon plaisir; instable glaive suspendu au-dessus d'un peuple. Trois fois le jour au Benin le chef demande un homme; on l'immole devant sa face.

N'est-ce assez? Tâche répugnante, fouiller ce bourbier; tenter de relever la foule d'infortunés qui s'y agitent dans la fange sanglante. Deux puissances; l'instinct prévaut, l'homme est brute.

Regardons-nous dans le passé. Notre blancheur imma-

culée ne nous a sauvés aux jours de détresse; crime pas-
sionnel, redoutable héritage originel, la lie se soulève
à la surface limpide de notre société; crises passagères.
Traces natives, âge récent dans la vie du monde; le noir
se reconnaîtrait aux usages de l'ancien temps. L'holocauste est de tous les peuples, par toute la terre; il brûle par
delà les origines, flamme mourante qu'un aliment imprévu
brusquement réveille. Offrande à la divinité, offrande pré-
cieuse, la vie; piété sacrilège, le sang de l'homme couronne
le sacrifice. Moloch dévore les enfants des Sémites. Chez les
Scythes le chef est mourant; serviteurs, chevaux jetés dans
la fosse. Germain, Breton; le Scythe offre à ses fétiches des
victimes humaines, scalpe les prisonniers, boit de leur sang;
crâne des proches, coupe sacrée. Gaulois, clients au feu; le
brenn trépasse, le soupçon agite les esprits, femmes à la question, traînées au supplice. La Grèce, la mère bienfaisante, est
possédée de la fureur homicide.

Une plainte s'élève des tombes de l'humanité; la Terre
frémit de son histoire.

Un Anglais revenait d'évangéliser l'Ouganda; le tigre joue
avec la proie. Couleur, vêtement; il songe à la fragilité du
cœur humain, à l'abîme de ses iniquités. *Homo, nil humani
alienum...*

Jugement étrange; la criminalité comparée n'est pas de
mon sujet, je dois finir ici.

*
* *

Le noir est inférieur. Les sages jugent sur la surface;
vain souci, regarder au fond de la nature morale, appré-

cier l'évolution dont elle est capable. Le revirement se fait, bien doucement, avec toutes les précautions imaginables. La suppression de l'esclavage prélude; il est des noirs bien doués. L'opinion réagit, le vent tourne; on augure de ce peuple, on convient de bonne grâce qu'on s'est trompé. A défaut du juste, poursuivre dans cette voie d'égalité, intérêt bien entendu. On se hâte, les sphères d'influence des nations se dessinent; il ne reste place aux tardifs. Clairvoyants ceux qui se persuadent qu'ils ne peuvent de durable sans l'Africain, fils de sa terre; il est accommodé, il en supporte l'inclémence.

Expérience à son début; des individualités sont ralliées, la race non certes. Un pas par siècle; jugement de Guizot. Ramener le noir dans la commune famille ; le relever à notre niveau. Enseigner, faire désirer notre assistance, gagner le loup enfant; par lui, infuser de proche en proche cette teinture destinée à s'infiltrer de tribu à tribu, à se fortifier de génération en génération; tuteur désigné, le blanc maintiendra.

La force est loi; la force légitimée aura crédit, pouvoir d'assurer l'équité, principe de tout avancement. Donc cette prévision du relèvement de la race esclave devient une réalité, sous l'égide des gouvernements de l'Occident, de notre Europe mûrie à travers les vicissitudes d'une laborieuse évolution vers la liberté. Ils ont la puissance équilibrée à telle mission; abondance des ressources et des moyens; impartialité. Tenir égaux les plateaux de la balance entre les natifs et les immigrants; ouvrir des routes, des relations à l'initiative, aux généreux efforts individuels; franchise, les Compagnies préparent l'invasion définitive des idées et des choses; chasse aux chasseurs d'homme. Ils sont la main forte et douce de notre civilisation pénétrée de christianisme, de cette civilisation blanche, active, agissante. Elle s'est étendue sur le monde, goutte d'huile elle gagne; patience, notre génération pose l'assise. Artisans de l'heure nouvelle; avenir, progrès (*).

Ces idées, ces moyens; je reviens à l'AFRIQUE OCCIDENTALE. On apprécie la civilisation à sa taille, loin d'elle on l'a regrettée ce qu'elle vaut, entrevoyant l'état désespéré des premiers âges. Peinant au labeur, le clair soleil fond les neiges amoncelées aux issues; ne comptant pas avec les jours, les jours ne sont rien, elle attend son heure; du pygmée cette civilisation fait un géant, du fauve un homme. Ingratitude de tels services; l'homme né bon. Tant de siècles de remaniement; fils de civilisé, ouvrant les yeux au jour son vagissement crie. Désespérance. Il porte le germe nouveau des ancêtres; l'éducation reforme, grandit.

(*) L'œuvre admirable du cardinal Lavigerie a trouvé dans le monde civilisé son légitime retentissement au profit du continent oublié.

Seulement quinze ans M. de Brazza passe à Libreville; le haut du fleuve nous semble le bout du monde. Depuis, ce que l'on sait. Il s'est levé un vent d'initiative, il pousse vers les territoires nouvellement reconnus, tardif; de bon augure en notre pays jadis indolent aux nouveautés extérieures. La France comme portée vers ses colonies ne veut plus se laisser distancer. Il faut nous louer que ces aspirations indécises ne se soient pas dépensées en pure perte; les idées éparses rencontrent un gouvernement. Le COMITÉ DE L'AFRIQUE FRANÇAISE est le point de ralliement, le centre d'action de toutes les choses qui regardent au delà de la Méditerranée; sa volonté aura crédit. Nulle entreprise n'est mieux venue à son heure; plus digne des sympathies. Elle vise l'expansion chère à tous; par surcroît les intérêts de l'humanité.

Est-il utile de le rappeler, la civilisation s'est faite d'opposition; le sang la féconde à travers les vicissitudes. En Afrique son tour est venu; souvent retardé. Est-ce raison de laisser perdre en se décourageant les fruits acquis? Ces noms de pionniers tombés au revers des sentiers inconnus, le dévouement excite les volontés; trace de ces morts glorieux, expérience qui précède la voie, invite à se recueillir. L'ombre de leur activité guide de nouveaux ouvriers dans le chemin de la marche en avant.

Fils de la sauvagerie; au-dessous de cet enfant. Courbé
sur le sillon, sa terre l'enchaîne; il ploie, sa loi de nature
l'écrase; aveugle à la lumière, à la vérité. Justice. Le temps
la rendra.